¡Ssssssshhhhhhhhhh!

Haz del teatro algo íntimo

Llévalo siempre en el bolsillo

Cubierta y diseño editorial: Éride, Diseño Gráfico
Dirección editorial: ángel jiménez
Ilustración de cubierta: José Manuel del Moral

Primera edición: diciembre, 2025

Soy Lucifer, y es mi turno/La decisión de Lola
© Jose Warletta
© VdB, 2025
Espronceda, 5
28003 Madrid

VdB®

ISBN: 979-13-87644-63-5
Depósito Legal: M-27637-2025
Diseño y preimpresión: Éride, Diseño Gráfico

Este libro protege el entorno

soy Lucifer, y es mi turno

Jose Warletta
(Cádiz, 1976)

Dramaturgo y director.
Licenciado en Bellas Artes, comenzó su carrera teatral en 2013 y desde entonces ha estrenado más de una veintena de obras. Algunas, como *Santas y perversas, Mi turno, La decisión de Lola. Última Planta* y *Los Tacones de Papá* han cruzado las fronteras y se encuentran triunfando en Sofía, Bulgaria, México, Panamá o Puerto Rico; y próximamente Uruguay, República Dominicana, Portugal, Argentina, Miami y Nueva York se sumaran a esta larga lista de países en los que este autor tendrá obras en cartel. El Teatro Lara, de Madrid, se ha convertido en su segundo hogar, lleva más de cuatro años con obras en cartel y con nuevos proyectos ya programados para el futuro. «Mi relación con el teatro siempre estuvo ahí, sin yo saberlo. Miraba escondido por la puerta de atrás del Gran Teatro Falla de Cádiz, como metían las diferentes escenografías. Yo no soñaba con sentarme en un palco, sino trabajar en las tablas creando mundos para que los asistentes rieran y se emocionaran. Y en ello estoy desde hace más de diez años». Miembro de la Academia de las Artes Escénicas de España y de la Academia de las Artes Escénicas de Andalucía es autor y director de *A Diva o muerte, Brigitte, Agustín ¡vete ya!, Callback, Educación asexual, El Cabaret de Citrica y ácido, No sin mis tacones, Mi Turno* y la obra *El Zapatero de Cádiz*, un emotivo homenaje a su ciudad natal y a su padre, quien fue zapatero en el barrio del Mentidero.

JOSE WARLETTA

soy Lucifer, y es mi turno

Esta comedia se estrenó en la sala La Encina Teatro de Madrid
el 22 de mayo de 2021, interpretada por
Miguel de Miguel (LUCIFER).

Dirección: Jose Warletta.

Personajes
(Por orden de intervención.)

Lucifer

Ayudante

LUCIFER *entra cantando, el público está senta-do, cada día traerá algo que ha robado y se lo da a su* AYUDANTE *Dolores: un bolso del metro, un foco de otra obra, etc…*

LUCIFER   (*Canta..*)
Willkommen, bienvenue, welcome!
Fremde, etranger, stranger
Glücklich zu sehen, je suis enchante
Que gusto verte, entra y quédate
Willkommen, bienvenue, welcome
I'm cabaret, au cabaret, mi cabaret…

(*Al público.*)

¡Aplaudan!, ¡aplaudan! Que los aplausos son el alimento del artista… ¡ya vale! Que no quiero perder el tipín…

Buenos días, buenas tardes o buenas noches. No sé en que hemisferio estoy y «francamente, querida, eso me importa un bledo».

(*Señala hacia el cielo.*)

Clark Gable.

¿Cómo están? ¡No! No contesten que no estamos en los payasos de la tele.

No creo que les suene mi cara, a mí las suyas me suenan todas.

(*A la* Ayudante.)

Dolores, ¡dame luz! A ver qué público tan guapo ha venido a verme…

(*Luz.*)

Bueno…, ha venido público, sin más.

(*Se dirige a personas concretas.*)

¿Qué tal? Te veo muy bien. Más guapa, más contento, más tripita…

Hola, este no es con el que viniste el otro día, ¿eh?

Veo que estás perdiendo peso, ¡muy bien!

(*Al público.*)

Los conozco desde que la más absoluta oscuridad fue vencida por un halo de luz pequeñito, que se fue agrandando para mostrarles la salida, el fin de una ceguera eterna. O mejor dicho el principio y la entrada a este caótico y maravilloso mundo. Qué forma tan elegante de explicarles cuando salieron llenos de sangre y rodeado de vísceras por una vagina cansada y rota, ¿verdad? Pero hablemos de mí.

(*Suena música de fondo.*)

Soy…

(*Corta la música de fondo.*)

Odio presentarme. Cuando uno es famoso, muy famoso, odia presentarse como si se encontrase en un *casting* holliwoodiense.

(*Parodia.*)

AYUDANTE   ¿Nombre?

LUCIFER   Mi nombre es Miguel.

AYUDANTE   ¿Habilidades?

LUCIFER   Canto, bailo y acabo de terminar un curso de sombras chinescas.

AYUDANTE   Ya, ya… ¿Experiencia?

LUCIFER   Trabajé en el montaje del Rey León, fui el arbusto figuración 2 y zarigüeya 7. Salí en una serie de figuración con frase, decía: ¡Ahgggg!

AYUDANTE   ¡Perfiles!

(Se gira y se sitúa de perfil al público.)

LUCIFER ¿Las manos también? Estos son mis perfiles. Me llamaréis, ¿no?

(Vuelve a hablar normal.)

Uhhh no, no, no… Pero bueno, haré una excepción con ustedes ya que por ahora me caen bien. Si sonara un teléfono durante mi *show* o alguien abriera un caramelo envuelto con el papel más ruidoso de la historia, quizás la cosa cambiaría… ¡avisados están! Es más, si alguno quiere abrir un caramelo, este es el momento. Ya veran como luego en lo más inoportuno suena el caramelito. Pues me presento.

(Entra música de fondo.)

Soy el mejor poeta de la historia, o al menos, el que inspiró y susurró a otros las mejores poesías para que la escribiesen por mí. No soy una musa, yo no genero ideas para que un artista las desarrolle. Yo directamente les dicto al oído, sin que lo sepan, qué tienen que hacer. Lo hice con escultores, músicos y pintores…

(Susurra.)

No la pintes ni riéndose ni demasiado seria y tu obra será conocida por los siglos de los siglos. O…

(*Tararea la Quinta sinfonía de Beethoven.*)

A este más que susurrar le tuve que gritar.

(*Tararea más fuerte la Quinta sinfonía de Beethoven.*)

Por todo lo que he creado, con manos que no eran mías, puedo decir que toda la cultura ha sido, es, y será mía. Puede que les suene soberbio lo que digo, o disparatadas mis palabras, pero la opinión pública hace mas de seis mil años que me la paso por el arco del triunfo. Ese monumento no lo cree yo… y se nota.

Ya sabrán quién soy, ¿verdad? He tenido miles de nombres: Belial, Samael, Diale, Abadón, Leviatan… otros más comunes que les resultaran más familiares gracias al cine. Sí, también las artes cinematográficas son mías. Ahí, en el celuloide, me llaman Satanás, Diablo, Demonio… Estos han sido tan usados a lo largo de la historia, que me da una pereza… Si yo fuera por la Gran Vía y me gritasen desde la otra acera,

(*Parodia.*)

¡Eh, Satanás!

(*Vuelve a hablar normal.*)

Yo, ni giro la cabeza. Otros sí se lo han currado. (*A la* AYUDANTE.) ¡Diles cómo me han llamado!

AYUDANTE   Acusador, Adversario, Ángel del pozo sin fon-
            do, Bestia, Padre de la mentira, Mentiroso,
            Poder de la oscuridad, León rugiente, Ser-
            piente de antaño, Tentador…

LUCIFER   ¡Hombre así sí! Pero Satanás es como llamar-
            se Paco en Huelva. Pero el que más me gusta
            es Luzbel. De ahí la «L», no de Logroño. ¿Lo
            conocían? Fue el primer nombre que me dio
            mi padre. Significa «Luz de la mañana» y se
            me otorgó por ser el favorito de Di…

            (*Suena un trueno. Señala al cielo.*)

            No me deja nombrarle, es como la SGAE, me
            multa. Fui un ángel tan amado y bello, que
            me pusieron el nombre de la luz más hermo-
            sa del día. Luzbel. ¿Bonito, verdad? No en-
            tiendo por qué no se lo pone la gente a sus
            hijos…

            (*Parodia.*)

            ¡Luzbel, baja la basura!, ¡Lucifer, como no
            apagues la luz y te duermas la vamos a tener!
            ¡Satanás, o apruebas conocimiento del medio
            o te quito el teléfono y despídete del TIK TOK!
            ¡Leviatan, como yo vaya y lo encuentre…! Me
            vengo arriba, me vengo arriba… pero es que
            son tan bonitos. Yo creo que podrían poner-
            se hasta compuestos: Lucifer del Carmen. Que
            te gusta más un auto de choque y escuchar
            Camela a todo trapo, Jonathan Satán. Incluso

podríamos ser hasta un poco más pícaros, Belcebú Jesús.

(*Vuelve a hablar normal.*)

En fin ya sabéis quién soy. Ahora es el momento de presentar a mi ayudante. Ven, saluda.

(*La empuja para que salude.*)

Es una actriz estupenda, la saque de la calle. No le pago, pero mejor aquí que drogándose. Pues hoy he decidido que ustedes estén aquí. ¿Que no?

(*Hace el gesto de susurrar.*)

«Voy a ver esta obra que parece simpática», eso te lo he susurrado yo. «Compro entradas para este espectáculo que tiene buena nota en Atrápalo, y tan buena un 9.9», eso he sido yo. «Voy a ver ‹Soy Lucifer, y es mi turno› que mi amiga me dijo que molaba», tampoco ha sido tu amiga, he sido yo. Dicen que el actor está bueno y soltero. Eso no te lo he susurrado yo, ¿eh? Eso has sido tú solito, pues cuando acabe el espectáculo…

(*Hace el gesto de marcar un teléfono de rueda antiguo.*)

¡Uy que antigua!, por favor.

(*Teclea ahora como si fuera en un móvil.*)

… Me llamas y te vienes con él y con el de al lado y la de atrás.

(*Intenta tocar al espectador y la* AYUDANTE *lo interrumpe.*)

AYUDANTE   ¡Patito!

LUCIFER   Pero si quieren les dejo que crean que fueron ustedes, simples mortales, los que utilizando el libre albedrío decidieran entrar por las puertas de este teatro precisamente hoy. Si así son felices… (*En francés, hace el gesto de cremallera en boca.*) «Je ferme la bouche». Da lo mismo como han llegado aquí, lo importante es que están conmigo… por cojones.

AYUDANTE   ¡Patito!

LUCIFER   ¡No, eso no es acoso, Dolores! Me encuentro inmerso en una gira internacional con este show/cabaret lleno de verdades ocultas acerca del mal. Me he subido a los escenarios más importantes del mundo: Nueva York, Japón, Moscú…

AYUDANTE   El estreno en Arganda del Rey.

LUCIFER   ¡Todos hemos tenido unos comienzos, ¿vale?! He protagonizado portadas en las mejores revistas: Time, Vogue, Muy interesante, Harper's

Bazaar… ¡El Clarinete de Arganda!…(*A la* AYUDANTE.) ¿Cómo se te ha ocurrido poner en el baúl lo de El Clarinete de Arganda del Rey?

AYUDANTE   Usted me dijo que pusiera todas las publicaciones…

LUCIFER   Sí, pero también te dije: ¡filtra, cariño, filtra!

AYUDANTE   Pero he filtrado, maestro. No he puesto, «Satanás borracho orina desde la Torre Eiffel a un grupo de huérfanos».

LUCIFER   Sirvieron muchos líquidos en el cocktail y no había baños.

AYUDANTE   Y, «El diablo besa con lengua a la reina Isabel II», también la quité.

LUCIFER   No entendí bien sus señales y no estabas tú para decirme: ¡patito!

AYUDANTE   La que no voy a poner nunca es: «Lucifer dio de comer un murciélago a un chino».

LUCIFER   No, yo no. Mentira. Venga, vete. (*Se va la* AYUDANTE.) Como les decía, con este espectáculo quiero llevar al mundo otra visión de mí o, mejor dicho, la verdadera visión de mí. Un testimonio de primera mano del protagonista, yo. Y mira que tengo una vida ocupada, pero no podía esperar más. Es mi turno…

(*La* AYUDANTE *da la luz incorrecta.*)

¡Habíamos quedado que cuando yo decía «mi turno» entraba una luz cenital!

AYUDANTE   Perdón, perdón. ¿Repetimos?

LUCIFER   ¡Claro! ...y mira que tengo una vida ocupada, pero no podía esperar más. Es mi turno...

(*La* AYUDANTE *vuelve a dar una luz incorrecta.*)

AYUDANTE   Ay, no, no. ¡Otra vez!

LUCIFER   ¡Es mi turno!

(*Otra vez da una luz incorrecta.*)

No tengo el diez en Átrapado por su culpa.

(*Retoma.*)

Estoy cansado de ser el malo de la historia. Culpable de todo. De ser el...

(*Por fin la* AYUDANTE *da la luz correcta.*)

¡Tarde, tarde!

(*Retoma.*)

Agota oír durante siglos a infinidad de predicadores que el diablo es el responsable del hedonismo, las mentiras y de todos los males del mundo. ¡No todo es mérito mío!, los humanos cometéis actos horribles por vuestra cuenta. ¿Que yo os tiento? Sí, pero que vosotros hacéis lo que os de la gana, también. Y eso lo sabe hasta Di...

(*Suena un trueno.*)

... Me encanta.

(*Se burla.*)

Pues el otro día me encontré con... Dios.

(*Suena un trueno.*)

Y le dije: voy con prisa no puedo pararme a-Dios.

(*Suena un trueno.*)

Me encanta desquiciarlo.

Antes de montar este gran espectáculo pensé en hacer un comunicado de prensa en las 7.123 lenguas oficiales existentes. Las hablo todas como imaginaran..., más sabe el diablo por viejo que por... ¡Vaya hoy no vino la señora de Valladolid que siempre termina las frases de los actores! Pero, claro, desmentir más de cinco billones de mentiras hacía que ese comunicado fuese infumable, no lo iba a leer nadie. Tendría

que hacer un compendio de más de mil trescientas paginas y sería aburridísimo...

(*Medita.*)

Comparable a otro compendio de libros, también de mil trescientas páginas llamado Biblia.

(*Para sí mismo y señalando arriba.*)

¡Bien traído! Esto le jode.

(*Vuelve a hablar normal.*)

Pero, no. Yo, el amo de las artes y la literatura
no podía ser aburrido. Por eso creé esta obra.
Un vodevil basado exclusivamente en mí. Dónde pondré en su sitio, principalmente, a...

(*Señala para arriba.*)

...y dónde me esforzaré para que otros sufran
daños colaterales, eso seguro. Y me lo voy a
currar para que os divirtáis. Porque también
podría hacer como Carrie: cierro las puertas
del teatro. Prendo fuego, que con todo lo que
llevo puesto arderé como una servilleta de bar,
y... ¡a tomar por culo todos! Pero claro, hoy
en día con las redes sociales y con los teléfonos
móviles se correría la voz y sería... estreno y
despedida. No he creado este espectáculo solo
para cosechar aplausos y vanagloriarme de mis
talentos...

AYUDANTE   Ya, claro…

LUCIFER   …cosa que me encanta. Sino como ya dije para aclarar muchas dudas y falsedades que a lo largo de la historia se han vertido sobre mi. Titular: (*Sobreactuado.*) No soy tan malo. ¡No! A mi no me hace gracia cuando alguien en la acera se tropieza y va a trompicones veinte metros antes de caerse de la forma más humillante posible frente a un instituto, o cuando la cuñada ebria de alguien, en la boda de otro alguien, se le sale un pecho al bailar «Paquito el chocolatero». Yo no me río, Solo alguien cruel se reiría.

(*Mira al que se ría en el público y lo señala.*)

¡Él! Yo no, yo no me río de esas cosas, a mí me gusta contarlas para que otros se rían. Unos lo llaman maldad yo lo llamo generosidad hacia ustedes. ¡Veis como no soy tan malo!

(*Da chapas del espectáculo.*)

Pero para que entendáis el por qué de mis ganas de explicarme y mi indignación ante el trato injusto que he recibido tenemos que remontarnos al principio de los tiempos, cuando ni Cher había nacido… Jordi Hurtado tengo dudas, ¡es broma! Tampoco estaba. Más atrás, rebobinemos, rebobinemos… la Tierra no había sido creada y todos vivíamos en un mundo espiritual sin preocupaciones, sin problemas, sin envidias... ¡Vamos, aburridos en una vida de mierda! No teníamos nada que hacer ni siquiera reírnos, ya que sin maldad no hay humor. ¿O habéis oído alguna vez a una monja contar un chiste y os hizo gracia? Uno de Jaimito, si acaso. Tardó infinitos ciclos temporales para que Di...

(*Suena un trueno.*)

¡Pesado!

Para que el omnipresente se diera cuenta que allí no íbamos a aprender nada y, por lo tanto, el progreso humano se quedaría en seres insípidos, amebas sin oficios ni beneficios. Si ya suena aburrido ir al cielo para tocar un arpa, imaginaos cuando aún no se había inventado el arpa. Aquello era como una convención de vendedores de aspiradoras. Entonces mi padre... (*Señala arriba.*) decidió crear un lugar, de la nada, al que llamó Tierra. Un planeta creado para enviarnos y que creciéramos intelectualmente. Algunos parecen que han rebotado en la atmósfera y no han llegado a entrar. Pero de la estupidez del ser humano, mejorando lo presente, hablaré más adelante. Ahora prefiero hablar de la estupidez de... Él.

(*Señala hacia arriba. Coge «La Biblia» y lee.*)

«The Holy Bible». ¡Idiomas, querida! La Sagrada Biblia. Que la habréis leído todos, ¿no?

¿O solo el tonto del director para montar este espectáculo? Da igual, yo os la leo. En el principio creó el Señor los cielos y la tierra…

(*Cierra el libro de manera brusca.*)

Tranquilos, no os voy a leer este tostón. Puedo contarlo de primera mano. Yo estaba allí. En siete días creo la Tierra, bueno en seis, porque uno descansó. Estaba agotadito el pobre. ¡En solo seis días! y claro, se nota. Algunas cosas le quedaron cutres. Pero yo se lo dije ¿eh? Yo le advertí.

(*Parodia.*)

Coño, papá, no corras, tómate unos años, estudia las posibilidades del terreno, crea cosas con sentido…

(*Vuelve a hablar normal.*)

¿Sabéis que hay más de tres mil quinientas clases de mosquitos? ¿Para qué? Y que además transmiten malaria, dengue, virus del Nilo occidental, chikungunya, fiebre amarilla, Zika… setecientos millones de personas enferman cada año.

(*Mira arriba.*)

¡Gracias, majo! Le advertimos todos, pero como Él todo lo sabe, lo quiso hacer solo,

¡chapucero! Cuando creó la Tierra estaba animadísimo. Lo veíamos ahí con su alfanova, una montaña aquí, un río allá, un acantilado, una meseta... Nos acercábamos y le preguntábamos: ¿eso marrón que es? Y él decía: es el desierto. ¿Y no te está quedando un poco seco, papá?, preguntábamos. Y él añadía: no, por que voy a poner un río... ¡Un río! ¡¿Y por qué no le pones algunos más y así la gente no se muere de sed?! Pero el malo soy yo, porque los males que provienen de Él son pruebas que el Señor os manda... panolis.

Luzbel, Luzbel... arriba y abajo, en los polos, voy a poner hielo. ¿Hielo, papá? ¿Hielo? ¿Y no se derretirá causando catástrofes medioambientales indescriptibles? Tú siempre pensando en lo peor, me dijo. Y mi hermano Jesús callado... jugando con la plastilina.

Con los animales otro despropósito. Con la creación de los animales te hago una serie de Netflix de siete temporadas, veintitrés capítulos por temporada. Un día le dio por el caballo, uno normal; luego por un caballo pequeño que no sirve para nada, nada más que para dar pena. Luego el caballo gilipollas al que llamais asno. Estaba tan orgulloso que empezó con los colores; ahora uno blanco, ahora uno negro, ahora uno castaño, ahora uno rubio, ahora uno pelirrojo.... Y pensé: parará ahí. Pero no, ese día estaba creativo, parecía que había nacido ahí, en Malasaña, ¡en un «coworking»!

¡Y va y crea uno a rayas! ¿Para qué? No lo entendimos. Sí, es cierto que en el futuro habría homosexuales de dudoso gusto que decorarían sus casas con *animalprint* pero Él no lo hizo por eso. ¿Y las palomas?, ¡otro despropósito! Todo el mundo sabe que yo odio a las palomas. Imagínate el Espíritu Santo es una paloma. Un ser con diarrea crónica que sus heces no solo manchan, ¡corroen! ¡¿No puede cagar duro como todos?! Cálmate Luzbel uno, dos, tres, cuatro... y así hasta diez.

En fin que la creación fue un *stress*.

Terminado el terrario, faltaban los habitantes. Él decidió mandar a los dos primeros seres humanos a una parte del mundo. Y células evolutivas al otro. Por si fallaba una opción tener otra. Sí, algunos venís del mono y otros de Adán y Eva, aceptarlo. Solo tengo que echar un vistazo y sé de quien provenís: mono, Adán y Eva, mono, mono, Adán y Eva, qué mono... y eso de Adán y Eva. Mira, luego te vienes con los otros y…

AYUDANTE   (*Imitando a un pato.*) ¡Patito!

(LUCIFER *se da cuenta y rectifica.*)

LUCIFER   Cuando puso a esos dos… lerdos en el Jardín del Edén, empezamos a observarlos, ansiosos de ver como pasaba… nada. Eran insípidos no tenían maldad, se quedaban horas mirando los

árboles, y horas mirando a los animalitos…
era el peor Gran Hermano de la historia. ¡Niña
apaga el faunia! Entonces mi padre decidió
ponerles la primera prueba. Y he aquí la primera maldad de…

(*Señala arriba.*)

…Él.

Les dijo que todo lo que veían era suyo pero
que no comieran de uno de los frutos que allí
crecía. Un fruto que les puso ahí, a dos metros. Ellos ahí, a dos metros, y el fruto ahí, a
dos metros no en Zimbabue, en la otra parte
del globo, no. Ahí, a dos metros. ¡Ganas de
joder! Abro un paréntesis: ¿de dónde coño habéis sacado que es una manzana? Si encon-
tráis un versículo que lo diga os regalo la vida
eterna, cierro paréntesis. ¿Y que pasó? Pues
que si le dices a dos bobos que no coman del
fruto prohibido… no lo hacen. Hasta el creador de todo bostezó. ¿Y si ponemos el fruto
de otro color? Dijo el lumbrera de mi hermano Jesús, otro cuadro de ser del que hablaré
más adelante… Yo nervioso por la pasividad
de la escena me acerqué y le dije a Di…

(*Suena un trueno.*)

… A Él: Papá necesitan maldad. Para hacer el
bien hace falta que exista el mal. ¿Qué sentido tiene la felicidad si no existe la infelicidad?

Él se quedó pensando y meditando, interrumpido por un instante por el lumbreras que seguía erre que erre… ¿Y si le cambiamos de forma al fruto? Yo ya cogí unas pinturas de colores y unos folios y se los di a mi hermano, a Jesús, para que se entretuviese pintando un unicornio y así poder hablar con mi padre seriamente.

Mira, un unicornio. Otro caballo: el homosexual.

Tras infinitos periodos de tiempo cavilando, entendió que hacía falta otra cara de la moneda para que esto funcionara, y quién mejor que yo para dirigir esa filial.

(*Entra tema FEVER.*)

Bajé a la Tierra, entré en el Edén y me puse junto al árbol del fruto prohibido. Como un cowboy de media noche en West Hollywood. Esperé a que alguno de los dos pasara cerca para tentarlo. Fue ella la que el azar la trajo a mí. Un ser desnudo e inocente, tan inocente que no sabía que estaba desnuda. Sí, los biquinis de parra no existían, son licencias dramáticas creadas por un castrador religioso. Cuando la vi la llamé:

–Shhh, shhhh, acércate.
–¿Quién eres? Me dijo sorprendida con voz temblorosa.

–¿Y tú, quién eres preciosidad?, le contesté.

–¿Mi nombre es Eva?

–Eva, uhhmm, qué bonito nombre, ¿no crees que es seeeeeeexxyyyyyyy?

(*Siseo de serpiente.*)

–No sé solo conozco dos. ¡Me dio un zasca! ¿y el tuyo?, añadió.

–Llámame «snake». ¿Te apetece comer de este fruto…?

–No, mi padre dijo que si como de ese fruto moriré.

–Eva, Eva, Eva… con seguridad no morirás. Si comes lo único que morirá será tu ignorancia.

–Pero nos lo ha prohibido. Repitió ese ángel de senos rosados.

–Para eso vine nena, para darte otra opción al no; el sí. Si le dais un mordisco, tú y tu chico, abriréis los ojos y entenderéis todo mejor. Aprenderéis a diferenciar entre el bien y el mal.

–¿Qué es el mal?

–Uhhhhh el mal es sudor, gemidos, saliva. Dale un bocado nena y empieza a vivir…

Y mordió. Y se armó la que se armó.

Aquí llegan algunas incongruencias del Todopoderoso. La primera, estábamos compinchados, me necesitaba en este mundo más que a cualquier otra persona. Os lo explico: si la susodicha lerda, la sujeto 1, no come del fruto, no habría dado del mismo al otro lerdo, el sujeto 2. Ninguno de vosotros, no los que venís del mono, sino los de la parte mística, existiríais. ¿Lo habéis pillado?

(*Intenta acercar la lengua al agujero que ha hecho con la mano.*)

AYUDANTE   Creo que ya lo han entendido.

LUCIFER   Entonces, ¿cómo ha permitido que yo, su hijo, el que salvó su plan incompleto de mierda, haya sido apaleado por la historia? ¿Vais entendiendo el porqué de mi malestar? Y segunda incongruencia: los castigos que les impuso por comer del fruto prohibido… ¿Dónde he dejado el libro de Petete? Si os ha hecho gracia este chiste, espero que tengáis un buen plan de pensiones y un seguro médico porque no es que seáis del siglo pasado, es que sois del anterior. ¡Y el que no lo haya entendido que se joda, por joven!

Leo: y Di…

(*Suena un trueno.*)

¡Estoy leyendo tu libro así que ya se ha pagado el canon! Continúo: Y Dios dijo a la mujer: te daré más trabajo y multiplicaré tus embarazos; y tendrás también que dar a luz con dolor… Y ahora a él: trabajarás todos lo días con el sudor de tu frente… ¿Justicia divina? A uno le da un contrato fijo y a la otra la castiga con tener que sacarse un ser del tamaño de un melón de Villaconejos por el... coñejo. Es que no puedo ni pensarlo. Pero el malo soy yo.

Me dolió tanto que no se valorara mi papel en su desquiciado plan que cogi a todos mis *followers* y me fui del cielo. Así, sin más. Pues hasta eso no me ha dejado hacerlo con dignidad. La versión oficial es que me echó él. Que soy el Ángel Caído, ¿caído yo? Si ando bien hasta con tacones.... (*Paseíllo desfilando.*) Pues esto mismo pero con tacones de quince centímetros. (*A la* AYUDANTE.) ¿Cómo ando yo con tacones?

AYUDANTE   Maravillosamente.

LUCIFER   Y ella de esto entiende, de otra cosa, no; pero de esto, sí. Así que cambié las nubes y la vida espiritual por vivir aquí de una forma súper terrenal. Transformando el aburrimiento en pura diversión...

(*Al público.*)

¡De nada! Algo que también me siento en la necesidad de corregiros es la imagen que tenéis de mis seguidores. El mundo satánico real, con el que me siento identificado es muy marica. A ver, no quiero decir que todos los homosexuales sean satánicos ni nada por el estilo. Pero a mi me divierte mucho más un transformista que AC/DC. Todo el mundo piensa que mis huestes, mis hijos predilectos, son los rockeros con *piercing* en la lengua y dilataciones en las orejas. Y no es así. A mí las dilataciones que más me llama la atención son otras…

AYUDANTE   Cua, cua.

LUCIFER   Pero tampoco hay que ponerse ordinario. Estos denominados hijos de… Satán, que viven en la oscuridad y beben sangre de una virgen, no son seguidores míos. Es más, ni me conocen. Son seguidores de un diablo creado por la industria del cine. Seguramente si vieran mis armarios llenos de lentejuelas se llevarían una decepción brutal.

(Da vuelta con la falda.)

¡Mira que vuelo!

Ni siquiera tengo una «dark» biblia de evangelios ocultos, ni escribí el Necronomicón, ese libro de los muertos forrado de piel de Ubrique… ¡que va! Que demodé. Cuando los veo ahí sudando, con las melenas, escuchando «heavy metal», algunos tan poco aseados… A mí me atrae más un rabillo en el ojo, unas perlas, unas plumas, un colorido… a mí la imagen de decadencia me deprime. El demonio es divertido, un poco hijo de puta a veces, pero con arte.

Menos mal que algunos evolucionasteis de forma inesperada y nacisteis *gais*. Bueno el que dice algunos, dice casi todos. Porque si quitamos a los homosexuales de la historia se te quedan las enciclopedias como la vida laboral de Victoria Federica, así de chiquitita.

Y que la familia crece por momentos: L.G.T.B.I.Q. Mira, ya tuve que poner el más (*Hace con la mano el signo de sumar* [+].) para que entréis todos los que queráis. Oye y yo encantado. Y es que a mi una *Drag Queen* me da la vida. Estas sí que son seguidoras mías, y ellas, sin saberlo. Pero claro, en el momento que adoras a todas las artistas creadas por mí, pasas directamente al lado oscuro. Eso es una ley muda.

Y es que el aforo del infierno es mucho más divertido que el del cielo. Pensad en vuestro artista favorito pues, si no es de Mocedades, está de mi lado. Los filtros para entrar en el cielo son tan estrictos que cualquiera que se dedique al artisteo no entra. Eso convierte al cielo en el lugar más aburrido de la historia y ¡encima es para toda la eternidad! Y sin embargo el infierno es un auténtico parque de atracciones lleno de colorido y diversión... a ver, los satánicos de cuero y piercing también estarán pero ¿qué es un parque de atracciones sin su tren de la bruja? Siempre el diablo, o sea yo, no sé por que hablo en tercera persona, he sido muy folclórica, ¡mucho!

Cuando no existían las folclóricas, yo ya echaba de menos una.

(*Tararea una copla.*)

¡Que me gusta una lesbiana! Soy feminista, animalista, pro gay, pro tinder… todo lo que haga feliz es apoyado por mí. El que dice no hagas, no tengas, no ames, no pienses… no soy yo, es Di…

(*Suena un trueno.*)

¡Tiene un cabreo!

Los seres humanos os basáis tanto en vuestros sentimientos que resultáis curiosos hasta para una mente superior como la mía. Vosotros sois emocionales, cosa comprensible pero innecesaria. Eso hace que, a veces, os dejéis llevar más por lo etéreo que por el raciocinio. Os explico: rezáis pidiendo ayudas directas para la salud, alimentos, trabajo, amor… y tras curraros la solución vosotros solos, le dais las gracias a Él como si fuera el artífice de dicha solución.

Pero ni esas incongruencias vuestras me alejan de vosotros, sois tan geniales.

Recuerdo que en 1934 uno de mis lugares favoritos era el Freiheit. Un lugar escondido del mundo a primera vista, tan solo una bombilla pintada de rojo en el umbral de la puerta, servía para anunciar que ahí dentro algo diferente estaba pasando. Era un cabaret berlinés situado en la calle Koblenzer, uno de los primeros cabarets que sobrevivieron a la moralidad, gracias a estar en sótanos escondidos de las autoridades pertinentes y que solo una guerra absurda lograría derribar. No os sorprendáis al oír que yo no apoye las guerras, recordad que cuanto más gente haya en este, mi mundo, mejor para mí. No, tampoco apoyo las dictaduras. Si no, os obligaría a obedecerme en vez de solo tentaros y dejaros escoger a vuestra voluntad

Recuerdo a Herman Fisertdorf un soldado de la Alemania más rancia, que entraba por la puerta con sus botas militares y apariencia recia; y tras veinte minutos en el camerino, que también servía de almacén, aparecía transformado en la ardiente Viveka Küstler. Sus ojos azules y su apariencia aria hacían más fácil la transformación de masculino a femenino. Viveka era una auténtica belleza durante la noche y un autentico demonio, peor que los del cine, durante el día.

Era una época oscura, llena de tristeza, por eso el pecado se valoraba tanto. Después de tantos tonos grises ver un rojo carmín, unas boas de plumas del color de los pavos reales, embriagaba los sentidos. Ver hombres vestido de señoras y señoras vestidas de caballeros alimentaban los instintos necesarios para poder subsistir. (*Se prepara para el número musical*) Berlín era la mecha de una Europa que quería explotar. La Dietrich, la Piaf, la Faraona… el mundo se estaba preparando para lo que estaba por venir. Yo solo agitaba la coctelera…

Voz   (*En off.*)
            ¡Meine Damen und Herren!
            ¡Mesdames et Messieurs!
            ¡Ladies and Gentlemen!

Ayudante   Y *elles* también.

Voz   (*En off.*) Recién llegado del averno Reciban con un fuerte aplauso…

Ayudante   Aplaudan.

Voz   (*En off.*) A la estrella reluciente del Freiheit Cabaret! Lucifer.
            (*Canta*)

            Cae el sol y el colibrí se esconde.
            En Berlín silencio es lo que oyes.
            Cuando el vino sustituye el agua
        Lucifer despierta y los beatos callan…

    Y es cuando por fin comienza la diversión.
            Libre eres tú, libertino yo
        Sigue la luz roja del Freiheit Cabaret
        Dentro decides lo que quieres ser.

Libre, libre sin dogma de fe.
Apuesta todo al rojo y todo irá de diez.
Suelta lastre y no solo hagas bien.
Tú no temas nada que aquí esta tu Lucifer.

(*Recita.*)
Repartamos los papeles que el telón se subirá,
necesito artistas nuevos que derrochen libertad.

Usted será una bailarina exótica recién llegada de la
[India
Que tira sus pañuelos mientras recoge mingas.

Y usted, macho cabrío. será la inocente Lulú,
que tras estar por robo un año presa
Ha salido del trullo con una gran sorpresa.

Y con esos bellos ojos el casto querubín será usted
Que mientras toca el arpa sagrada
otros en lo oscuro se procesan mama…

(*Canta.*)

Y es cuando por fin comienza la diversión
Libre eres tú, libertino yo
Sigue la luz roja del Freiheit Cabaret
Dentro decides lo que quieres ser

Libre, libre sin dogma de fe.
Apuesta todo al rojo y todo irá de diez.
Suelta lastre y no solo hagas bien.
Tú no temas nada que aquí esta tu Lucifer.

Espectáculos finos como este, en el infierno, tendréis cada día, ahí lo dejo. Aunque tengo que avisar que la Salchipapa también viene. Pero es que ella es mala, mala… Y pasaron siglos y siglos y mi reputación no mejoró. Dejé de estar enfadado, eso si, y decidí ver la vida como una partida de ajedrez, donde le ha tocado a Él jugar con las blancas. Él mueve y yo contraataco. Que Él inspira y se crea el canto gregoriano, pues voy yo y le susurro a alguien para que invente el rock. Que Él inventa el cristianismo y el amor al prójimo, pues voy yo y creo el Vaticano… y así el universo está equilibrado.

He vivido tantos años, que he visto prejuicios superados volver de nuevo. Sería perfecto volver a la casilla de salida y ver cuando se torció la libertad pero yo no puedo viajar en el tiempo, lo siento, de poder hacerlo visitaría a alguna que otra mujer antes de engendrar a algún político y le gritaría: ¡Ponte el DIU! Pero si el objetivo de este espectáculo es que conozcáis y entendáis más a Satanás, un servidor, tenéis que saber más de mi antagonista.

Prepara todo esto.

(*Como en un mitin.*)

Todo Ying tiene su Yang, todo Holmes su Moriarty, todo Lennon tiene su… Yoko Ono… Qué bien me caía esta última, venía ya mala de serie, ¿eh? No tuve que hacer nada con ella. Pues digamos que mi asiática pirada es Jesucristo... ¡no puedo con él!

Un niño mimado por la historia. Y por supuesto por nuestro padre. Nunca me gustó su afán de protagonismo; no es mala gente, pero tampoco como lo han descrito.

Primero, su apariencia. ¿Esas mechas rubias y esos ojos celestes? A ver que nació en Jerusalén no en Wisconsin, ¡era judío!, de Judea ¿habéis visto vosotros muchos judío de Judea así? Era moreno, de piel morena, ojos oscuros y la barba negra como el betún... de Judea. Nunca mejor dicho. Pero claro un día, un pintor que remaba a favor de la deidad de mi hermano, le suavizó los rasgos, y pasó de tener la apariencia de un vendedor del zoco de Tánger a un vikingo nórdico. Claro, se llevó al populacho de calle. Todos adoran al cara ángel. Me gustaría ver como sectores religiosos extremistas, esos que van al Valle de los Caídos como si fuesen a la Warner, sí a los de las banderitas hasta en la sopa, me gustaría ver si son tan devotos si vieran que están adorando a un moro.

Y aparte de su suavizada apariencia vienen las historias de sus proezas. Que si caminó sobre las aguas, que si devolvía la vista a ciegos, que si curaba leprosos... Pero ¿quien pensáis que era? ¿Harry Potter? ¡No! Todo un plan de marketing magistralmente ideado para crear admiración y cariño por Él. Yo también tengo poderes, yo también hago cosas… Y ahora mi jefa de campaña os las a va relatar; diles lo que yo hago.

AYUDANTE   Sube y baja el volumen, que da cague. Y mueve las cortinas. En Halloween funciona siempre super bien; bueno y hace chirriar las puertas, y las abre y las cierra.

LUCIFER   ¡Cállate ya, cállate! ¿Tú crees que nos va a seguir alguien? ¿Tú crees que se puede comparar subir y bajar el volumen con que él te cure la miopía, eh? Anda, por favor.

A mí me tocaron los poderes de segunda, claro no son tan comerciales.

Pero bueno sí que tengo un poder que me encanta y ese es la tentación. Y además ahora lo tengo muchísimo más fácil, porque antes daba mucha pereza ir susurrando a toda la humanidad, uno por uno, para que pecara. Ahora hago un video, lo hago viral y en minutos he llegado a millones de vosotros. Por ejemplo ahora mismo os he enviado un mensaje al móvil.

(*Suenan tonos de mensajes que acaban con muchas notificaciones de Grindr.*)

¡Ese no soy yo, eh!

(*Retoma.*)

Podéis mirarlo, mirar los móviles… ¡Noooo! era una prueba, en el teatro no se miran los teléfonos, además, ¿os creéis que soy el Mago Pop? Pues cuidado conmigo porque cuando hago: pop, ya no hay stop.

Y vosotros os preguntaréis, ¿y para qué nos tientas Luzbel? Pues sencillamente es una labor social. Yo quiero que os vengáis conmigo a mi resort porque sé que seréis más felices. Pero bueno, no estoy aquí haciendo campaña electoral. Quien quiera seguirme…

(*Susurrando.*)

… y ser feliz, por la eternidad, rodeado de todos los artistas que no son Mocedades...

(*Habla normal.*)

… que me siga. Y quien prefiera irse con mi padre y mi hermano Jesús…

(*Susurrando.*)

… y aburrirse en una clase eterna de catequesis… Que se vaya con ellos. ¿Veis como os doy opciones? No soy tan malo. En fin que mis poderes no se puede comparar con los suyos.

¡Ah! Y hablando de poderes quisiera aclarar con ustedes algo. Las posesiones.

(*Luz roja y música de El Exorcista.*)

¿Puede acojonar más esta música? ¿Os imagináis que ahora mismo una mano os agarra el tobillo? ¿O que miráis al que está sentado al lado y no es vuestro acompañante... sino un señor desconocido vestido de Marilyn Manson? ¡Ya! Quítala ya que me estoy acojonando hasta yo.

(*Vuelve la luz normal.*)

Hablemos del poder que tengo de poseer cuerpos. ¿En serio creéis que el Diablo, un ser con miles de años de experiencia en este mundo, va a meterse en una cría de dieciséis años para vomitar algo verde que solo de pensarlo me producen arcadas? Me ofendéis. Eso es cine, y como ya os he dicho, el cine es solo cine. Cuando vi El Exorcista... (*A la* AYUDANTE.) ¿Qué te dije cuando vi El Exorcista?

AYUDANTE   Que te tirarías al cura.

LUCIFER   ¡No! ¡Lo otro!

AYUDANTE   ¡Ah! Que la madre también te daba mucho morbo...

LUCIFER   Que noooo, noooo. Dije que estuve a punto
           de terminar con la industria del cine. Que po-
           dría, ¡eh!

AYUDANTE   Ah sí, eso también…

LUCIFER   Pero claro que es el demonio sin Hollywood…
           Yo cuando vi a esa cría ordinaria, diciendo obs-
           cenidades con el crucifijo en la mano… a ver,
           tenía su gracia la verdad, pero yo no actúo así.
           ¿Y los vómitos? Por favor. ¡Qué coño tengo
           que ver yo con sus problemas gástricos! Ese
           aspersor humano echó unos catorce litros de
           puré de guisantes por la boca. Qué poseída ni
           poseída… ¡estaba indigesta! Y ya lo último
           que terminó de cabrearme es la escena del
           exorcismo. Os pongo en contexto; Llega un
           cura, abre la Biblia, lee unos versículos y yo
           salgo escopetado… ¿perdona? De la risa, ¿no?
           Dice: ¡sal del cuerpo! y yo me voy. No sé si es
           que me ven educado o gilipollas.

           Abro paréntesis. No respeto ningún libro re-
           ligioso, si lo respetara no sería Lucifer, sería
           Pitita Riduejo.

           ¡Cuidado con la ouija! ¡Cuidado con la oui-
           ja! ¿Pero sois tontos? ¡Si las fabrica Mattel! Si
           pides una por Amazon, os llega antes de que
           acabe este espectáculo. ¿Qué va a ser lo pró-
           ximo? ¿No le toques los pechos a la Barbie
           que te quedas ciego? ¡Idiotas! Con lo que mola
           jugar con una muñeca de plástico.

¿Que puedo meterme en un cuerpo y poseerlo? Sí, pero por mi curiosidad y mi nivel de experimentación.

He poseído ancianos para sentir realmente el dolor del cuerpo marchitándose y sentir qué es estar vivo. Me he metido en la piel de un enamorado para conocer en primera persona qué es eso que llamáis amor. Y ya, de paso, le he echado un polvo a su pareja que lo recordará como el mejor de su vida. ¿Recordáis vosotros el mejor polvo de vuestra vida? ¡De nada!

Y hablando de diversiones. Siempre he pensado que hay tiempo para todo. Para la fe, la sabiduría y el placer y por eso me he encargado de que no os falten opciones y que cada uno podáis usar vuestro tiempo libre para lo que queráis. Pues a Él esto no le gustó. Cuando os vio disfrutar de los pequeños placeres de la vida. Se enfadó.

Todas mis tentaciones son mal vistas por Él y por eso se inventaron los pecados capitales. Que son unos pequeños pecadillos que dicen que conducen a otros pecados más grandes. Alguien pensó que si yo envidio tu abrigo mañana te mataré. O si disfruto con un vinito en una terraza, mañana me comeré a mi primogénito. Planteamiento básico, básico, básico…

¿Qué se iba a esperar si se encargó de ellos un tal Tomas de Aquino? pero con este no vamos a perder el tiempo. Lo *googleais* si queréis.

Qué diferente hubiera sido si yo gobernara en los cielos. Para empezar los pecados capitales dejarían de ser pecados pasarían directamente al estatus de mandamiento... Hubiese llamado a mi profeta de turno y le hubiese dado las directrices en una montaña mediante una columna de fuego. Y ahora habría una película de Charlton Heston y todo. (*A la* AYUDANTE.) ¡Improvisemos!

(*Entra tema de los 10 mandamientos y voz en off. Luzbel se pone túnica.*)

VOZ   (*En off.*) Soy Lucifer...

LUCIFER   ¡Padre!

VOZ   (*En off.*) ...vuestro Dios que os sacó de la tierra de Egipto, de casa de servidumbre... para luego dejaros morir en el desierto. Me acuerdo, me acuerdo... Una mala tarde la tiene cualquiera...

LUCIFER   Mala, mala...

VOZ   (*En off.*) Te traigo a ti...

LUCIFER   A mí.

VOZ   (*En off.*) ...Moisés los 7 mandamientos capi-
           tales que tenéis que cumplir para ganar la vida
           eterna.

LUCIFER   Espera, que voy a por algo para apuntar.

VOZ   (*En off.*) Aquí voy:

           • ¡Serás avaricioso!... conformista nunca. Si
           puedes cobrar veinte no te conformes con diez
           porque además, que yo tu Dios te lo ordeno,
           es de imbécil.

LUCIFER   ¡Qué listo!

VOZ   (*En off.*) • ¡Serás soberbio!...

LUCIFER   ¿Con b o con v?

VOZ   (*En off.*) ...por encima de todo y de todos. Tu
           culpa no es ser mejor que los demás, el pro-
           blema lo tienen ellos por insignificantes.

           • ¡Tendrás envidia!...

LUCIFER   ¿Puedo?

VOZ   (*En off.*) ...todos los días de tu vida. Palabra
           de Dios. Si no envidias lo que tiene tu vecino
           no te esforzarás en conseguir lo mismo e in-
           cluso superarlo... porque tienes que ser ava-
           ricioso y soberbio, no te olvides.

• ¡Tendrás ira!

LUCIFER   Arrrgggggggg

VOZ   (*En off.*) Cuando la envidia y la avaricia te corroan porque el soberbio de tu vecino es superior a ti… ¡quémale el coche!

LUCIFER   Booommmm

VOZ   (*En off.*) • Honrarás la gula!

LUCIFER   Este me viene muy bien. Sabes que soy de buen comer.

VOZ   (*En off.*) Cómete todo lo que te dé la gana y cuando te apetezca, Con gluten y lactosa ya que no sabes si el envidioso de tu vecino en un ataque de ira te lo robará…

• ¡Ten pereza por encima del esfuerzo! Si un subordinado lo puede hacer por ti no muevas ni un dedo.

LUCIFER   No, aqui lo hace todo ella.

VOZ   (*En off.*) Ese empleado merece ese castigo por no tener avaricia ni envidiarte y no robarte tu puesto utilizando la ira.

• Y por ultimo y el más importante mandamiento que te dicto es ¡que tengas lujuria!, que goces de la vida de una forma descontrolada;

dos, tres o en grupo, ¡en grupo, en grupo! es la única excepción en que tu Dios te deja no tener pereza…

LUCIFER   Pues yo creo que ya lo tengo todo. Por cierto, la proxima vez que me quieras decir algo mandame un WhatsApp, porque yo esto de subir a la montaña no lo he entendido. Bueno, pues me voy a pasar esto a limpio… a-dios.

(*Fin voz en off.*)

Uuuhhh a que seríais todos más creyentes… Es que Él todo lo convierte en aburrido, hasta la ropa de su credo. Mirad mi perchero que con tanta lentejuela parece el de Las Supremes.

O miradme a mi, sencillo pero elegante, un poco de volante, un poco de cuero, unas tachuelas…

AYUDANTE   Bueno… sencillo, sencillo tampoco vas…

LUCIFER   ¿A ti quién te ha dicho que hables? A partir de ahora nada.

AYUDANTE   ¿Y si se te olvida el texto?

LUCIFER   Uy, el texto, dice. En la vida se me ha ido a mi el texto. Pero… ¿qué dices? Le das la mano a un subordinado y te coge el brazo.

(*Perdido.*)

¿Por dónde vamos?

AYUDANTE   La indumentaria de sus…

LUCIFER   Lo sabía, ¿eh? Lo sabía, era solo una prueba.
Él no, Él decidió que todos sus representan-
tes en la Tierra fueran vestidos de negro muy
sobrio, muy *p'a* dentro. Pero claro, igual que
la naturaleza busca su lugar y el agua después
de una tormenta busca un nuevo cauce algunos de sus acérrimos cristianos, los más creati-
vos; vamos, folclóricas reprimidas, se dejaron
llevar vistiendo a las imágenes. Primero un
poco de encaje, sedas de rojo carmín, tercio-
pelos púrpura, bordados en plata, coronas de
oro… y sin darse cuenta la virgen pasó de ser
una estatua modesta, esculpida en madera, a
la reina del carnaval de Tenerife.

Se les fue, se les fue…

Pero bueno mi misión aquí no es destruir vuestras costumbres, sino legitimar mi lugar. Y de-
mostraros que no soy tan malo.

La pobreza: no es mi culpa, además si la Biblia es el libro más vendido del mundo, que
saquen una segunda parte y seguro, seguro
que se forran.

Los males de este mundo y las enfermedades.
Tampoco soy el culpable. Bueno, la resaca sí
es mía, pero el reúma, la artritis y otras de ese

estilo, no. Le pedís explicaciones en el juicio final a Él.

Y muchas otras cosas que podrían callar al mismísimo pontífice, siempre que no sea como el de antes: argentino. Ya se sabe que callar a un argentino es más difícil que Nacho Cano te haga un buen contrato.

Por eso un día el vaso se llenó y quise plantar cara. Decidí coger mis baúles, subirme a un escenario, ir de continente en continente, ciudad en ciudad…

AYUDANTE   Te acuerdas del estreno en Arganda del Rey…

LUCIFER   Y ponerme frente a ustedes. Pero no lo hice con la idea de criticar a mi padre y a sus seguidores… solamente. Ellos no son tan importantes para hacerme este humilde vestuario, aprender a cantar, coser este telón… o susurrarle esta obra de teatro completa a Jose Warletta. Él piensa que fue idea suya, pobre mortal. Menos mal que este es uno de esos que evolucionó de forma inesperada y nació mariquita. Lo hice porque tenía que contar verdades. La historia no es como nos la han contado y mi papel, protagonista, no es el de un monstruo rojo con cuernos. Con rabo, sí; no os preocupéis.

Quería explicaros que no siempre tenemos que creer la primer versión de las historias. A veces hay que molestarse en conocer todas las cartas antes de lanzarlas al tapete.

Quizá el lobo de Caperucita llevaba semanas sin comer, o la bruja del del Este no tubo una infancia adecuada. O ese vecino que nunca te saluda tenga una historia de desamor y de tristeza que no somos capaces de ver a primera vista y que le hace actuar así. O todos esos inmigrantes que llegan constantemente a nuestras costas y que tanto les molestan a algunos, no vinieron aquí en un crucero de vacaciones. Hay que conocer siempre la otra cara de la moneda antes de juzgar… ¿A cuántos Luzbel conoceréis sin daros cuenta?

Para valorar la felicidad, primero hay que ser infeliz. Y sin el mal, hacer el bien no tendría recompensa. Me necesitáis… Él me necesita. Por eso me puso aquí para hacer mi labor. ¿No merezco entonces otro trato en la historia de la humanidad?

(*Entra música de tango.*)

En fin, que solo me queda decir que ni los buenos son tan buenos ni lo malos son tan malos. Que no sé si es un plan divino pero todos somos parte de él…

(*Cantado.*)
Y que encajamos a la perfección.

Que por más que digan voces de otras endes
  Que somos diferentes de distinto color,
No nos olvidemos que la historia esta bien clara
  Del mono o de bobos, provenís los dos.

(*Recitado.*)
Alejaos de cualquier religión que os haga sufrir por sufrir. Que cuando se baje vuestro telón no os llevareis con vosotros ni el Rolex, ni el Audi, ni el Cartier…
Os iréis con lo vivido, con experiencias y recuerdos. Así que acumulad abrazos, risas, empotraros más contra el fregadero. Y aferraos a cualquier fe que os acepte a todos como sois.

(*Cantado.*)
  Y cuando salgáis, de este teatrito
Espero que me deis una oportunidad.
    Lucifer no es villano gratuito,
    Debo existir por tu felicidad.
Que si Eva no come no comemos nadie
  Y que la serpiente tuvo que tentar
  Para que la vida buscase su camino
Y pudierais todos conocer la libertad.

(*Hablado.*)
Y si me critican pues que me critiquen, que no pienso convencer ni discutir, que yo hablo con pruebas dando mi testimonio de que ni los buenos son tan buenos ni los malos son tan malos. Y no os confundáis que el demonio en el cine, solo es eso, cine. Que por

miles de años he sido vilipendiado por igno-
rantes, a los que mi padre permitió hablar mal
sobre mí y hoy eso tenia que cambiar... era
mi turno.

Fin.

JOSE WARLETTA

la decisión de Lola

Esta comedia se estrenó en la sala Nueve Norte de Madrid
el 5 de junio de 2016, interpretada por
Eva Rodríguez (LOLA).

Dirección: Jose Warletta.

Personajes

LOLA

LOLA *entra arrastrando el cuerpo de Manolo envuelto en sábanas, lleva guantes de fregar y delantal manchados con sangre. Deja el cuerpo a un lado del escenario —su salón—. Quita el cojín con motivos de caza del sillón y coloca uno de flores, demostrando que* LOLA *acaba de conquistar el territorio de Manolo.*

LOLA   ¡Coño, qué escandalosa es la sangre!, menos mal que el golpe se lo he dado en la cocina, y las manchas de sangre en azulejo salen mejor… ¡Hasta muerto me das trabajo Manolo! Pero ¿sabes qué te digo?, que merezco un descanso después de la mañana que me estás dando.

(Se sienta en el sillón junto a una mesa frente al público y toma café, respira hondo, mira el cadáver y habla al público.)

Hola a todos, ¿qué tal? Hoy me pilláis un poco ocupada como veréis… ¡Lo maté no porque fuese mío!, aunque eso dicen los papeles que firmamos en la iglesia de mi pueblo. Qué guapa iba yo con mi vestido blanco, mi velo largo y mi Manolo apuesto como un galán de cine; yo lo veía el hombre más guapo del mundo en ese momento. Semanas después lo observé mejor y me pregunté: ¿ese pelo en la espalda lo tenía?, ¿y la tripa? Yo de novios lo veía como James Bond, ¡y resulta que era Torrente! Y el olor a pies no lo digo, porque no lo digo... pero le olían. Qué cosas tiene el amor, ¿verdad? Dicen que el amor es ciego; pues en mi caso ciego y anósmico... anosmia es la pérdida o disminución del sentido del olfato por si hay alguien que no lo sepa.

El diccionario es muy útil. Cada día intento aprender algunas palabras en el tiempo que termina la lavadora. A veces, no tengo modo de usarlas, pero ¿quién sabe? Imagínate que un día, no sé, me atracan al salir de la frutería y un desconocido se lanza a salvarme de los atracadores. No sería lo mismo que le dijera: «gracias por todo» a «¡Gracias a su gallardía y bravura hemos salido ilesos de semejante desafuero!». Hombre, no hay color, y como decía mi madre: «no solo hay que ser inteligente, sino aparentarlo también».

En fin, ¿por dónde iba...? ¡Ah! Yo recuerdo que de novios fuimos a un camping de Toledo, precioso y cuando dormimos yo no detecté el olor a pies de mi Manolo, estaba enamorada y anósmica supongo...

Bueno, pero ¡qué mal educada! Ni me he presentado ni nada de nada. Disculpen, una puede ser asesina… ¡pero no mal educada!

Mi nombre es Lola, hija de Matías, el farmacéutico del pueblo, de los Rancios de Villavaca Alta, que era el mote de mi bisabuelo, que por lo visto era muy suyo, muy introvertido… vamos, un hijo de puta que hizo que a mi familia nos llamasen los Rancios. Y mi madre Milagros, de los Putones de Villavaca de Abajo. No creo que tenga que explicar qué hicieron las hijas de mi bisabuelo Bonifacio para que el mote sea los Putones… ¡qué frescas!

Ese es Manolo…

(*Señala el cuerpo.*)

Vamos era, porque lo acabo de matar.

Oye y me siento tan bien, tan liberada. Creo que respiro mejor y todo. Toda la vida medicándome para la sinusitis y resulta que la cura era asesinar a mi marido. Podrían habérmelo recetado antes. ¡La Seguridad Social está fatal! El otro día, mi vecina fue porque le dolía la espalda y le recetaron un relajante muscular que parece una «yonky», todo el día drogada. Dos veces la han tenido que salvar para que no se cayera por el hueco de la escalera… y vive en el octavo. Que digo yo: «hija, la espalda no te dolerá pero un día de estos te recogemos como a un calcetín en el patio de luces». Pesa cuarenta y seis kilos y le han recetado cuatro pastillas cada hora. Yo le he preguntado, «¿Merche, no será una cada cuatro horas?»… Ella dice que no, así es la Seguridad Social, pero da pena verla.

Pues os cuento, hoy he decidido matar a mi marido, he esperado que sea 29 de febrero porque quiero recordarlo solo una vez cada cuatro años. Este gilipollas no merece que cada año recuerde que lo maté. A mí no me corta el rollo anualmente. Para eso ya está el anuncio de «*Special K*» que cada año nos recuerda: «queda menos para el verano, ¡gorda!, deja de comer y aliméntate de esta alfalfa solamente si no quieres parecer un cachalote en Benidorm». Ya con esa tortura anual es más que suficiente.

No creáis que soy mala persona, Manolo era un cabrón y yo una gilipollas ciega… y ¡anósmica!

Con lo que yo te he querido Manolo…

Éramos felices y hasta recuerdo la primera vez que me dijo: «te quiero», y me emocioné como una boba en vez de preguntarle: «¿para qué?».

Ese amor fingido cambió cuando me casé. De novios era un hombre amoroso y atento, celoso, pero yo creía que era porque me amaba tanto que no quería que me tocara ni el viento… ni el viento, ni mi hermano, ni mi primo homosexual, ni mi madre… en ese momento no lo vi preocupante. Sospeché algo cuando le pegó una paliza al marido de mi amiga Tamara porque me preguntó la talla de mi sujetador. Estábamos comprando un sujetador en la mercería del marido de Tamara pero Manolo entendió que estaba tirándome los tejos. Desde entonces compraba la ropa interior por Amazon y tenía que poner la dirección de su trabajo, para que no me lo llevara a casa un repartidor fornido.

¡Qué celoso eras Manolo!, Y lo que le olían los pies… Era muy celoso el mierda, y yo nunca le di motivos. Me casé enamorada, he sido fiel en mente y cuerpo. Me sentía satisfecha sexualmente… yo, la vecina de abajo que vive enfrente de la drogadicta, su secretaria, mi prima Virginia; también la de los Putones de Villavaca de Abajo. La muy guarra hace honor al mote, y las que no me habré enterado, o no me quise enterar. ¡Sí, Manolo, no soy tan estúpida! Las anotaciones que salían en los gastos de la tarjeta con el nombre de «Almejas Caprichosas» en la carretera de Burgos, no eran de una marisquería como tú decías. Yo sabía que estabas de putas, pero me callaba. Ese día no me tocabas, descansaba de ti, de tu sudor y de tu sabor amargo.

Mi marido empezó a saber amargo la primera vez que me dio una bofetada.

(*Pausa.*)

Pero vayamos por partes. Ese cuerpo que veis ahí pertenece a un mentiroso. Manolo de la Fuente Silva, hijo de un coronel retirado, don Antonio de la Fuente Pérez, que está más loco que su hijo. Piensa que los militares lo van a llamar para dirigir una revuelta tipo Chafarinas, y que espera cada día mirando por la ventana la llegada del mensajero militar. Vamos, un loco. Su madre, doña Agustina Silva del Moral, hija de diplomáticos argentinos, es más seca que un rosco de vino en agosto. El día que me casé me dijo: «enhorabuena» y me regaló unas perlas, las cuales se las regalé a mi primo el gay, porque se iba a vestir de Jacqueline Kennedy Onassis o Encarnita Polo o algo así.

Estos personajes educaron estrictamente a ese de ahí, le dieron la educación más machista, rancia y arcaica que se pueda dar. Y nunca aceptaron que el señorito se casara con la hija del farmacéutico. A mí me daba igual porque nunca busqué la aceptación de la familia Monster, todo lo contrario, no quería mezclarme con esa España anticuada… pero sin darme cuenta me casé con la reencarnación del Caudillo. La misma educación, Manolo intentó inculcármela desde el minuto uno. Aún el anillo de bodas no se había hecho al dedo cuando me regalo uno de sus libros educativos: «La guía de la buena esposa».

Esta guía de completa «actualidad» escrita en 1953… va firmada por una tal Pilar, Pilar Primo de Rivera que ya con este apellido nos adelanta el carácter de la misma. Este manual consta de once reglas para mantener a tu marido feliz y así poder ser la esposa que «él» siempre soñó. Yo en un principio me quedé muerta, tal que así.

(*Señala el cadáver.*)

Pero al poco tiempo me di cuenta que eso es lo que Manolo esperaba de mí.

Yo conocí a Manolo en la verbena del pueblo y me enamoré de él en el primer momento que nuestras miradas se cruzaron. De saberlo me hubiera arrancado los ojos de raíz, pero caí en sus redes. Era un embaucador profesional, en menos de seis meses hizo que dejara a mis amigas, mi trabajo, mis estudios y mi familia sin darme cuenta. Yo también conseguí cosas de él, ¿eh? Tardé un año pero dejó de ponerse zapatos con el chándal.

Él empezó poco a poco a meterse en mis ideas, en mi mente. Primero una frase, una sugerencia, me repetía la sugerencia hasta convertirla en orden y cuando menos te lo esperabas, esa manera de pensar era la mía propia. Como un ratón al queso, roía desde dentro hasta hacer un agujero. Ojalá ninguna sepáis a que me refiero.

¡Pero no creáis que Manolo estaba solo en esta cruzada! Había sectores que lo apoyaban, organizaciones dedicadas a desvalorizar a las mujeres como este manual. Os leo algunas directrices para que entendáis:

(*Va mostrando y leyendo las viñetas.*)

Punto 1: «¡Luce hermosa! Descansa cinco minutos antes de su llegada para que te encuentre fresca y reluciente».

Punto 2: «Sé dulce e interesante. Una de tus obligaciones es distraerlo».
Empecé a leer el Marca para tener algo en común con él, pero cuando le hablaba de fútbol me mandaba callar. Descubrí que mi mejor distracción para él era estar en silencio y ver cómo se comía mis platos sin darme las gracias.

Punto 3: «Arregla tu casa. Debe lucir impecable».
Que no seas una dejada, vamos.

Punto 4: «Hazlo sentir en el paraíso. Cuidar de su comodidad te brindará una gran satisfacción».
¿Cómo convertir un infierno en el paraíso? Se me ocurrió cambiar las cortinas.

Punto 5: «Minimiza el ruido».
Y si hay partido ni respires, debería poner.

Punto 6: «Procura verte feliz».
Este punto no es fácil, pero como debo maquillarme para que me vea reluciente, ‹Punto 1›, los ojos hinchados o moretones son más fáciles de ocultar.

Punto 7: «Escúchalo. Recuerda que sus temas son más importantes que los tuyos».
Este punto en mi caso era muy difícil ya que Manolo no me hablaba, bueno ahora tampoco me habla.

(*Risa pícara.*)

Punto 8: «¡No te quejes! Cualquier problema tuyo es insignificante con lo que él tuvo que pasar».
¿Quejarme? Prefiero quedarme en el punto 5. Minimiza el ruido.

Esta educación es la que esperaba Manolo inculcarme y es triste pero lo consiguió. Gracias Pilar Primo de Rivera por crear un manual tan práctico como cruel. Por cierto ella nunca se casó.

Mi noviazgo fue normal tirando a bonito. Fuimos de camping, al cine y a todas las verbenas y ferias de mi pueblo y los pueblos cercanos. ¡Qué mundo me enseñaste, Manolo! Deberías haberme comprado una noria y así hacíamos algún dinerito entre feria y feria. Pero no sufría. Veía por sus ojos, oía por sus oídos y verlo beber con sus amigos mientras yo esperaba sentada junto a las señoras casadas me satisfacía. Creía que era feliz.

Antes de conocer a Manolo yo tenía un novio que se llamaba Benito. Trabajaba de tendero en el almacén de su madre, la señora Luisa, que me quería como a una hija. Benito me cuidaba y mimaba como si fuese una princesa. Le encantaba mi pelo, mi sonrisa, mis ojos. Él tenía todo lo necesario para hacer feliz a cualquier mujer. Le gustaban tantas cosas de mí, que empezó a ser un problema. Que le guste mi forma de caminar es un piropo, pero que le gusten mis tacones y él se los ponga para caminar, es extraño. Me peinaba, me pintaba y claro, el día que la señora Luisa nos cogió vestidas de flamencas a los dos y bailando por sevillanas, la relación con Benito terminó. Lo enviaron a un reformatorio de Cáceres y lo último que supe de él, es que se escapó y está triunfando como cantante en Barcelona. Su nombre artístico es Venita pero con V... Venita Cocó. Espero que sea muy feliz.

Claro, después de semejante relación, conocer a Manolo, un hombre tan viril, me cautivó. Cuando me besaba y sentía el olor de su loción después del afeitado y no el bálsamo de frambuesa que usaba Benito, me erizaba el pelo. Sacaba la lujuria que había en mí y como muchas mujeres, me sentí seducida por el lado salvaje de la vida.

Agarrada a su moto por las carreteras de tierra seca a las afueras del pueblo, sentía el viento caliente enredar mi pelo, era la mujer más feliz del mundo. Las visitas al granero del primo de Manolo, Felipe, me parecían románticas. Como sacadas de una novela de esas que en la portada ponen a una mujer escotada agarrada a un marinero con torso desnudo que irradian sensualidad. Pues yo me sentía igual. Al tiempo me di cuenta que en la novela no aparecían ciertos matices que yo sí estaba viviendo. Yo nunca acepté lo que en el granero pasaba, no imaginaba a la protagonista del libro, la del escote, secarse las lágrimas mientras se limpiaba los restos del marinero de sus muslos. Tampoco la imaginaba escondida en su baño cosiendo los desgarros de la ropa que el marinero le había hecho con violencia mientras intentaba forzarla. No, eso no era romanticismo literario, era una realidad más sucia, más dura… no quería vivir esos capítulos. Hubiese cambiado a mi hombre cabrío, el marinero, por una tarde peinándome con Benito.

Llegó la boda. Trescientos invitados: docientos ochenta suyos y veinte míos. A mí me besaba gente que yo no había visto en mi vida. Había militares, obispos, mantillas por todos lados, más que una boda parecía la Semana

Santa malagueña. Faltaban María Teresa Campos y la Terelu en el balcón.

Recuerdo la cara de mi madre, sin hablar me decía tantas cosas. Sus lágrimas contraídas, su cara de preocupación sentada junto a mi padre que ni levantaba la cabeza. Ahora entiendo papá por qué estabas así. Veías la realidad que yo no veía. Ni siquiera me extrañó que mi familia estuviese al fondo del salón. Imaginaos una boda de trescientas personas sentadas en una sala enorme, pues mis padres estaban al final. Yo le pregunté a Manolo que si no podían estar más cerca y me contestó que primero los compromisos ya que con la familia se tiene más confianza para estar al final. La mía, ¿verdad Manolo?, porque la tuya estaba en nuestra mesa.

Pero no lo vi.

Perdona mamá, no escuché tus ojos. Sabías bien con el monstruo que me casaba.

Comimos muy bien y yo estaba radiante, sin pintar, porque a este no le gustaba el maquillaje, decía que era de putas. Y su madre, con una sombra de ojos verdes y unas cejas pintadas a lápiz que tiraban para atrás… ¡Ah! Pues sí Manolo, tenías razón, el maquillaje es de putas, ¡de tu puta madre, vamos!

No tuvimos viaje de novios porque Manolo no podía dejar la oficina sola. Él era súper importante e insustituible en su empresa. ¿Cómo el ayudante del técnico de incidencias de publicidad impresa va a faltar una semana? ¡¡Imagínate si tiene una errata el panfleto de Carrefour!! Trabajaba mucho el pobre, cuántas veces no vino a cenar porque tenía mucho trabajo y tenía que ir a la «marisquería» a picar algo…

Mi sueño de pareja feliz terminó dos semanas después de casarnos, cuando tras preguntarle si mi hermano podía venir a comer al día siguiente me dijo que no. Yo insistí y le pregunté por qué. La respuesta fue fría, me tiró el vaso de cerveza, fría, a la cara. Y no añadió más. Yo me sequé la cara, sequé el suelo y le rellené el vaso de cerveza.

El muy cabrón tardó diez días, después del detalle de la cerveza, en darme el primer empujón. Y la bofetada, dos meses después del empujón. Manolo siguió un orden en la humillación y el maltrato, tuvo una educación militar, ¿verdad, Manolo?

Yo no, yo pasé de (*Voz de pito.*) «sí, Manolo, lo siento, Manolo…». ¡¡A matarlo!!, sin ningún orden. Será por mi educación pública.

Pues, ¿sabes una cosa, Manolito? Ahora me voy a tomar un copazo a tu salud.

(*Saca una botella y se llena el vaso.*)

Manolo no bebía marcas convencionales de whiskies. Siempre me pedía que le trajera marcas escocesas carísimas, de más de cincuenta años. Yo guardaba una botella vacía de su whisky favorito, y más tarde la rellenaba de JB que compraba en Mercadona. Luego, mientras fregaba los platos del almuerzo, desde la cocina lo miraba aquí sentado cómo se relamía los labios y me susurraba para que él no me oyera: ¡es JB gilipollas!

No creáis que yo era tonta, yo era divertida, loca y me gustaba salir. Este no cogió a una mojigata sin personalidad, pero el amor me pudo y jugué a ser feliz demasiado tiempo.

Hasta quise ser madre, pero la naturaleza, ahí, fue generosa conmigo. Tras intentarlo muchas veces y sufrir las vejaciones por parte de Manolo, que veía en mí a la única culpable de no ser padre, fuimos a un médico que nos hizo unos exámenes dictaminando que Manolo tenía los espermatozoides vagos. Él era vago en todo su ser, jamás lo vi ayudarme con las bolsas de la compra o quitarme un fregado. Vamos, que pagamos un dineral para que me dijeran que era vago por dentro también.

Pensé en adoptar pero la idea de tener un negrito, un chinito o alguien de otro país, a mi marido lo enfermaba. Odiaba a los inmigrantes más o igual que a mí.

Fíjense como será esta fobia en su familia, que mi cuñada tiene un novio, Oswen Felipe, un ecuatoriano moreno con rasgos aztecas que parece salido de la etiqueta del Cacique. Pues el muchacho lleva yendo a un logopeda tres años para perder su acento y así poder presentarlo en sociedad. La versión oficial es que es canario y que su manera de hablar viene porque fue misionero en Perú muchos años. Pobre Oswen, a veces quedamos a escondidas y cocinamos frijoles y otras cosas típicas de allí, bailamos salsa y hablamos de su tierra y su familia. Lo echaré de menos porque pronto dará la escapada. Si Manolo es el caudillo imaginaos la hermana. Manolo con falda es más femenino que ella. Yo creo que es lesbiana, que no se acepta. Yo en todas las fiestas de la familia pongo música de ambiente y siempre pongo la de Mecano de las palomas… «…por debajo de la mesa» y la tarareo mientras cocino, y ella se pone incómoda. Mi pequeña venganza por reírse de mis moratones.

Pues como os contaba, empezamos con el papeleo para una adopción española. Tardaron catorce meses en enviarnos a un psicólogo de familia que nos evaluaría si éramos o no capaces de ser papás.

Ese día por un descuido me dejé la sartén puesta, los grifos abiertos y metí dos gatos abandonados de la calle que hicieron que mi casa oliese a gallinero. Por supuesto nos pusieron «INCAPACITADOS» para la adopción.

Desde el primer al último intento de engendrar un bebé, Manolo me habría engañado cien veces y pegado otras tantas. Cada visita al baño limpiándome los restos de sangre minaba en mí el deseo de criar a un hijo. Tenía miedo a que Manolo inculcase en él una educación similar a la suya. Pensé en la «Lola» que tendría que vivir con otro monstruo y me negaba a quererlo, porque lo querría por encima de todo, aun siendo un hijo así.

Mi hijo no podía ser un «Manolo».

Así que, aunque me costó una de las mayores bronca con él, y una visita al médico fingiendo una caída por las escaleras, dinamité la adopción.

Nunca me sentí tan buena madre.

Ese hijo que esperaba venir aquí, que no conocí ni su cara, que soñaba con quedarme dormida con él en mi pecho, al que amaba sin conocerlo, le di una mejor vida, un gesto de amor que nunca sabrá que hice por él. Lo dejé irse con una familia que le diera amor, valores y no creciera en la dictadura machista que se inculcaba aquí.

Al día siguiente me puse el DIU, no vaya a haber uno de los espermatozoides de Manolo trabajador, cosa extraña, y la íbamos a liar.

Mi vida era gris, ni siquiera negra. Yo tenía mi horario de vida y era cuando se cerraban la puertas tras él. En ese momento soñaba, volaba, disfrutaba cada minuto porque sabía que podía ser el último. En esa, mi vida privada, encendía la radio y me oía a mí cantando cualquier cosa que sonara. Cada palabra parecía escrita para mí y muchas de esas canciones me hicieron, por dos minutos, ser una estrella de boleros, porque ¿quién mejor para hablar del amor sino el que lo añora?

(*La lampara de pié se convierte en un micrófono.*)

Tema: «Mar y Cielo» (Versión Luz Casal).

Cantada en directo
Me tienes
Pero de nada te vale
Soy tuya
Porque lo dicta un papel
Mi vida
La controlan las leyes
Pero en mi corazón
Que es el que siente amor tan solo mando yo.

El mar y el cielo
Se ven igual de azules
Y en la distancia parece que se unen.
Mejor es que recuerdes
Que el cielo es siempre cielo
Que nunca, nunca, nunca
El mar lo alcanzará
Permíteme igualarme con el cielo
Que a tí te corresponde ser el mar.

El mar y el cielo
Se ven igual de azules
Y en la distancia parece que se unen.
Mejor es que recuerdes
Que el cielo es siempre cielo
Que nunca, nunca, nunca
El mar lo alcanzará
Permíteme igualarme con el cielo
Que a ti te corresponde ser el mar.

Llevo preparando el asesinato cuatro meses y ensayando cómo hacerlo, dónde y qué ponerme en ese momento (*Nada de lana ni seda porque la sangre sale fatal.*) y con qué ropa seré detenida. Ya la tengo planchada y preparada. Eso de salir por el portal tapada con una pañoleta, toda despeinada y en pijama... no, no, no. Cuando veo esas delincuentes arrestadas me pregunto: ¿tía, no sabías que las cámaras de Ana Rosa Quintana iban a estar allí? ¡Qué poco pudor!

Llevo con el instinto asesino desde unos meses atrás y yo me decía, ¿y este instinto asesino de dónde sale? Para conseguir respuestas fui hasta una vidente, una bruja o lo que sea, que mi amiga Tamara me había recomendado. Esta señora ve en el fondo de una taza de té de un sabor horrible, tus vidas pasadas y te las dice. Yo fui princesa vikinga, duquesa consorte en la corte francesa, hermana del Rey Eric de Suecia en el 1500, etc. A Tamara le dijeron que fue costurera de la casa real inglesa, hija de otra marquesa española y qué sé yo cuántas cosas más. Yo sospecho que es un timo porque ¿solo vamos a esos sitios gente importante? ¿A nadie le dice: tú en tu vida pasada fuiste panadero en Vallecas, ama de casa o recoge mierda en una cuadra real? No, todos marqueses, princesas… eso da que pensar.

No conseguí respuestas a mi sed de matar a mi Manolo, me vi todas las películas de Hitchcock, reportajes de asesinatos y hasta *Criadas y Malvadas*… pero nada, no conseguí entender el origen de mi maldad. Sí, Manolo era un monstruo que merecía estar muerto, pero yo era buena persona, ¿por qué, de repente, quería sangre?

En esto del asesinato una se ve sola, sin asesoramiento de cómo ni cuándo hacerlo. En serio, Youtube está lleno de tutoriales donde te enseñan cómo pintarte, peinarte, bailar flamenco, etc... pero nada de cómo matar a tu marido. Me vi totalmente desamparada.

¡Qué fácil sería tener un teléfono de asistencia a la asesina novata!, ¿no? ¿Imaginas?

(*Coge el teléfono, marca e interactúa con una voz en off mientras suena una música tipo ascensor.*)

Voz   (*En off.*) Ha llamo usted a «Asistencia a la nueva asesina/psicópata» en estos momentos nuestras líneas están saturadas, por favor, espere… (*Suena música.*) En unos instantes le atenderemos; por favor, espere… (*Suena música.*) parece que hoy todas quieren matar a alguien; por favor, espere… (*Suena música.*) Bienvenida a «Asistencia para la nueva asesina/ psicópata» la llamada, por motivos de curiosidad, será grabada. Si quiere que esta llamada sea en catalán, pulse 1; si quiere que la llamada sea en euskera, pulse 2; si quiere que la llamada sea atendida en castellano, pulse 3…

Lola   Tres…

Voz   (*En off.*) Si quiere que el castellano sea de Medellín, pulse 1; si quiere que el castellano sea de Ecuador Sur, pulse 2; si quieres que el castellano sea de la península, pulse 3…

Lola   Tres, tres…

Voz   (*En off.*) Si esta llamada es para recibir asesoramiento de cómo matar a su amiga que se ha

liado con su marido, pulse 1; si es para asesinar a su suegra por hija de puta, pulse 2...

(*Piensa y hace el intento pero no pulsa, escucha.*)

VOZ   (*En off.*) Si por el contrario el asesoramiento
es para matar a su marido que es un cabrona-
zo de mierda, pulse 3...

LOLA   Tres...

VOZ   (*En off.*) Su llamada será atendida por una ope-
radora/asesina profesional altamente cualifi-
cada y graduada en la universidad de Orcasi-
tas; por favor, espere...

(*Suena música de ascensor y* LOLA *cuelga.*)

¿Qué fácil hubiera sido así verdad?, pero me
vi sola.

Ya tenía la vestimenta. Solo me faltaba el ob-
jeto, el arma que quería utilizar para hacer el
trabajo. Tras pensar en lo fácil —cuchillo, ha-
cha, martillo, catana...— recordé las navida-
des pasadas.

Yo quería regalarle a mi Manolo algo especial,
algo que hiciera que ese día me quisiera o, al
menos, que ese día no me pegara. Quería tran-
quilizarlo, hacerlo feliz también, pero el objetivo era que un día me dejara tranquila.

Por supuesto esa navidad, como en todas las demás, no pude invitar a nadie de mi familia.

Decidí comprarle una radio acuática para que pudiese escuchar los programas de fútbol que tanto le gustaban mientras se duchaba, y le pedí al vendedor que lo envolviese de una forma espectacular, con moña, tarjetita y un papel de corazones con «Papás Noeles» que era una cosa monísima.

Puse la vajilla que mi suegra me regaló. ¡Más fea aún que las perlas! Tiene motivos de pastores en la montaña, motivos rupestres… motivos son los que yo tengo para tirarla a la basura, porque es fea, fea. Pero cualquiera le decía al demonio este que quería tirarla. Además, cada vez que la vieja viene a mi casa me pide comer en sus platos. A ver si un día se atraganta comiéndose al pastor.

Pues como os decía, lo tenía todo organizado: la mesa puesta, el árbol encendido, Rafael de fondo cantando «El tamborilero»… yo junto a la mesa con mi delantal navideño esperando que entrara; emocionada y a la vez aterrada por si antes de venir a casa se había pasado por el bar, eso estropearía mis planes porque entonces la Navidad iba a ser calentita. Oí las llaves y el nudo de mi estómago se apretaba hasta dejarme sin aire. Manolo no debía notar el terror que me daba cada vez que llegaba a casa, porque eso lo enfadaba más.

(Hace una pausa y mira a Manolo.)

Cuando entró y lo miré respiré hondo, venía de mal humor pero no borracho, bien; corrí a darle un beso y desearle Feliz Navidad con el regalo en la mano. Él me aceptó el beso y señalando la mesa en la entrada me dijo: «déjalo ahí, ya lo abriré después».

Y se fue a la nevera a coger una cerveza. Yo no dije nada y esperé que le pegara el primer trago a la lata para preguntarle: ¿y el mío? Sin mirarme abrió el mueble de la entrada y saco una bolsa que ponía «Yo no soy tonto» muy grande, muy escandaloso, y me la dio. No había lazos, ni tarjeta ni papel de corazones con «Papás Noeles», solo una caja enorme que ponía yogurtera. ¡Que ilusión me hizo! ¡¿A qué alérgica a los lácteos no le hace ilusión que le regalen una yogurtera?! ¡Diez años juntos, Manolo, ¿cuándo me has visto comerme un puto yogur?! ¡¿Para qué quiero yo una yogurtera?! Pues para matarte Manolo. He disfrutado como una loca golpeándote con la puta yogurtera.

Como la historia de la yogurtera hay miles. Nunca tuve un regalo frívolo, un detalle que significara para mí un aire fresco después de la cotidianidad de llevar una casa. Bueno, eso antes de cumplir sesenta y que el mundo decidiera que ya solo podemos recibir pañuelos y perfumes. Aprovecho para decir al mundo de ahí afuera que ¿por qué? ¡Quieren dejar de regalarnos pañuelos y perfumes! Seguimos usando bragas y sujetadores, incluso nos gusta un masaje o un *spa*. ¡Tenemos sesenta años pero seguimos vivas, coño! Como os decía, los regalos de Manolo no eran para dar saltos de alegría. Reyes: la vaporeta ; cumpleaños: el primer año, aspiradora; y Thermomix, el segundo. Vajilla, juego de ollas, etc. ¡Ah! y flores una vez y como Manolo era tan práctico me las regaló de plástico para que me duraran más tiempo…

Tantos regalos relacionados con la limpieza y el arte culinario hicieron de mí la ama de casa perfecta y acrecentó mi pasión por cocinar.

Manolo I –como si fuese Felipe VI o Enrique VIII–, *El generoso*, me trató como una princesa y puso a mis pies desde el día que nos casamos un reino solo para mí. Un reino de doce metros cuadrados… la cocina. Ese era mi único espacio privado, mi república independiente, bueno, con una embajada al final del pasillo, el cuarto de la lavadora.

Esconderme de mi marido e intentar ser invisible era complicado estando sentada junto a él, en el sofá, mientras veíamos los toros o el fútbol. Así que me escondía en mi cocina y hacía cientos de platos, muchos de ellos los comíamos; otros, se los daba a la familia que vive en el 1º B. Ella ha perdido el trabajo y su marido la ha dejado, bueno en esto último la envidiaba muchísimo. ¿Manolo no te podías haber ido con él?

La Puri, la vecina de la que os hablaba, tiene tres niños y me sentía bien ayudándola: les hacía bizcochos, guisos, etc. Y más de una vez ella me ayudó: mercromina para las heridas, hielo para la hinchazón, etc… Puri no hacía preguntas y cada vez que le decía que me había caído en la bañera ella me asistía sin juzgarme, solo me decía que cuando tuviese el valor de cambiar la bañera por una buena placa de ducha contara con ella y que me ayudaría en la transición del cambio de baño.

Yo cocino bien por la de veces que me he escondido entre sartenes y cazos para que él no me viera. Si estaba haciendo unas lentejas y a la vez un arroz con leche él no me molestaba y así, concentrada en la gastronomía, no cometía ningún error que lo hiciese saltar. Tengo más horas de cocina que un piloto de Iberia en vuelos.

Me encantaba imaginarme como si fuera una presentadora en un programa de cocina, y a veces incluso iba diciendo la receta mirando a los azulejos como si le hablase a la cámara. Atendía llamadas en directo que me pedían consejo, respondía dudas que me enviaban por carta, felicitaba los cumpleaños que me inventaba de amigas seguidoras de mi Twitter imaginario y repetía los tiempos de cocción por si las telespectadoras no lo apuntaron a tiempo. Muy profesional. Y tenía mi receta estrella…

(*Programa en «set» cocina.*)

Hola a todos y bienvenidos a recetas de cocina para mujeres socialmente apartadas y aburridas en sus casas.

Antes de empezar quiero recordaros nuestro concurso y qué debéis hacer para ganar «Una vida nueva». Enviad un SMS con la frase «hasta el coño» al 2775 o bien llamad al teléfono 904 332 334. Así podréis optar a disfrutar de «Una vida nueva» que todas deseamos. Recuerda «hasta el coño» al 2775, más tarde en directo realizaremos la llamada y si al descolgar me dices «hasta el coño» esa «nueva vida» será tuya. Vayamos a la receta…

Hoy el plato que vamos a preparar no es otro que cerdo agridulce a la yogurtera, o como lo denominan en los países asiáticos «marío muelto».

Para ello vamos a necesitar, tomen nota de los ingredientes:

• Un marido, preferiblemente cabrón o sencillamente un hijo de puta. Nunca que sea buena persona porque no saldría bien la receta y sería cocinar por cocinar.

• Utensilio cortante, ya sea arma blanca o de golpe —candelabro, thermomix, bate de béisbol si vive en la America profunda, etc.—.
• Bolsas de plástico.
• Cuerdas.
• Sábana encimera —la bajera lleva elásticos y dificulta el envoltorio final—.
• Y utensilios de limpieza… como yo siempre digo, puedes saber cocinar pero si eres una guarra, guarrada es lo que harás…

Y ¿Qué mejor para la limpieza que nuestro patrocinador «Vida nueva»? ¿Estás cansada de quitarte esas manchas incómodas cuando tu marido te tira por encima la comida? «Vida nueva» te ayudará a que luzcas limpia, fresca y feliz. «Vida nueva» no puede faltar en tu hogar. Con «Vida nueva» el llorar se va a acabar…

Tras haber escogido el tipo de arma para dejar inerte al cerdo, yo elegí una yogurtera por motivos sentimentales, el truco es la sorpresa. No puedes tener enfrente al cerdo e ir acercándote despacio con una sartén frente a el. Porque te ve, se revuelve y al final el plato principal es mojigata al pil, pil y no queremos eso. La sorpresa es esencial, igual que al pulpo hay que asustarlo, pues a este cerdo hay que sorprenderlo. Detrás de una cortina, vestida de fallera… como sea, pero que no te vea venir. El golpe tiene que ser limpio y sonar tal que así… ¡Pom! No pim, pum, pom… no, solo un ¡pom!

(*Pausa.*)

Cuando el cerdo cae inerte... haz una pausa y fúmate un cigarrillo porque lo más difícil ya está hecho.

Mira que me gusta imaginar y divagar, pero es que sería tan guay un programa de TV realizando solo recetas propias: «suegra al mortero», «cuñada fileteada en salsa de hostias...».

Aparte de la cocina, también tengo otras aficiones como es la lectura. Me encantaba perderme en libros y viajar por el mundo. Ser una espía escondida en un taller de costura en el Madrid de tiempos de guerra, incluso hacía mis patrones escondiendo mensajes secretos en morse, un morse inventado por mí. Por ejemplo: rayita, palito, tres puntos, otra raya, un punto, raya y palito era «Manolo me cago en todos tus muertos». El patrón, luego, lo usaba y le hacia una camisa para que se la llevara al trabajo. Yo lo veía irse con ella y pensaba: ahí llevas el mensaje, cabrón.

También leo libros de amores imposibles donde él venía a rescatarme en un caballo blanco y yo lo esperaba en la torre a que matara al villano y juntos nos iríamos a un país lejano y seríamos felices haciendo el amor desenfrenadamente, sin parar... sí, también tengo mi parte pícara, vamos, que escondo a una guarrilla en mi interior.

He sido prostituta pelirroja en Beverly Hills; folclórica luchadora; acompañante de un arqueólogo viviendo aventuras en Egipto y cientos de aventuras más.

La imaginación me ayudaba a escapar de esta cruda realidad y ser otra persona lejos de una vida como la mía. Pero hasta para imaginar no se me permitía hacerlo libremente ya que no me dejaba leer libros así. La Puri me dejaba las novelas y yo las metía en una bolsa de plástico y la escondía en el bombo de detergente. Manolo no abriría eso nunca... tiene los espermatozoides vagos, ¿recordáis?

Tras el manual me regaló otro libro que tengo por aquí. Mi colección de libros solo la podréis encontrar aquí y en casa de Carmen Polo.

¡Este! «Cásate y sé sumisa» de una tal Constanza Miriano que curiosamente en la foto sale sentada en un bar de copas. La frase explicativa que sale en la portada no es otra que «experiencia radical para mujeres sin miedo». Efectivamente, bonita, si vivieras con un Manolo te daría miedo sentarte en un bar de copas. Esta escritora ha sido apoyada por la iglesia católica, organización donde la mujer esta tan bien vista que copula con palomas. El propio arzobispo de Granada ha editado este ejemplar que por desgracias ha sido número uno en ventas en algunos países.

(*Abre el libro.*)

«La mujer lleva inscrita la obediencia en su interior. El hombre, en cambio, lleva la vocación de la libertad y de la guía». ¡Tócate el coño!

(*Pasa página.*)

«Si algo que él hace no te parece bien, con quien tienes que vértelas es con Dios: puedes comenzar poniéndote de rodillas y la mayoría de las veces todo se resuelve»

…Puedes comenzar poniéndote de rodillas y la mayoría de las veces todo se resuelve…

(*Medio susurra y lanza mirada al público. Pasa página.*)

«Cuando tu marido te dice algo, lo debes escuchar como si fuera Dios el que te habla»

(*Cierra el libro.*)

¡Y se queda tan pancha! Esta es la clase de educación que crea manolos a granel. Y está apoyada por un señor que sabe mucho acerca del matrimonio, un cura.

Nunca entenderé este afán de las religiones en humillar a la mujer, cuando las mayores cagadas religiosas han sido realizadas por hombres. Siempre estamos ahí en un segundo plano.

Adán, fornido animalista; Eva, la gorda que come lo que no debe. Juan el Bautista, profeta y revelador; Salome, bailarina de *striptis*. Dios, creador del universo; La Virgen, se aparece y sonríe. Jesucristo, el Mesías. María Magdalena, puta.

(*Pausa. Mira el cadáver.*)

¿Qué hago yo contigo ahora, Manolo?

(*Piensa, sonríe mirando al público y llama por teléfono.*)

Hola Agustina soy su nuera, (*Pausa.*) Lola, (*Pausa.*) sí la de Manolo... ¡Agustina, usted solo tiene una nuera! No, aún no me ha dejado, Agustina. La llamo para decirle que como a usted le gusta mucho la chacina y la tripería he pillado una oferta de carne del pueblo y aprovechando que salía muy barata he comprado también para usted, de nada mujer, con lo bien que usted se porta y lo presente que me tiene... Mañana le acerco unos... (*Piensa mirando a Manolo.*) cincuenta kilos de albóndigas, un hígado y dos riñones, eso lo congela y tiene para una temporadita, Agustina. (*Pausa.*) ¿Que de qué carne es? ¡De cerdo!

(*Cuelga el teléfono y saca de detrás del sillón una maleta. Se pone frente al público y habla.*)

Manolo se merecía un castigo, pero no a costa de mi felicidad y mi futuro. Hoy soy Lola, pero podría llamarme Carmen, Ana, María o Manuela y él es Manolo o Juan, Paco, Raúl, Víctor… pero solo es un muñeco de trapo.

Ni siquiera estoy hablando a un público de verdad, estoy mirando la pared de mi salón imaginando que oigo risas y sintiendo lágrimas contraídas por mi relato, solo con la intención de no sentirme tan sola.

Manolo llegará dentro de una hora y yo no estaré aquí para esperarlo. Cincuenta y cuatro mujeres murieron el año pasado en manos de sus parejas solo en nuestro país y no pienso ser una de ellas. Tardaré meses, años en dejar el miedo tras la puerta, el simple olor de su colonia me hará temblar en el supermercado. Y abrirme y confiar en otro hombre, a día de hoy, se me hace imposible. Pero ¿sabes una cosa, Manolo?, lo conseguiré. Hoy es el día de cambiar la bañera por un buen plato ducha.

Seré una mujer libre llena de vida, viajaré, iré a bailar, a Benidorm; no sé, lo que sí sé es que la próxima vez que nos crucemos será ante la justicia. No quiero saber nada de ti, quédate con tus libros, la vajilla de motivos rupestres y por supuesto con tu yogurtera. He disfrutado como una loca imaginándome que te golpeaba con ella, pero no merece la pena que hipoteque un futuro que está por venir.

A todas las Lolas les mando esperanza, coraje y valentía. Nadie debe haceros daño, ninguna caricia es pago suficiente después de una bofetada. Sois valiosas y es hora de marcar en el calendario cuando tomareis vuestra decisión. Hoy es el día que marque yo.

Adiós, Manolo.

(*Coge el teléfono.*)

¿016? Soy Lola, mujer maltratada y estoy preparada…

(*Suena música y sale del escenario.*)

Esta primera edición de *soy Lucifer, y es mi turno* y *la decisión de Lola*
de Jose Warletta, terminó de imprimirse
en diciembre de dos mil veinticinco,
en Madrid.